아버지의 빛

신달자 시집

아버지의 빛

신달자 詩集

문학세계사

◻︎시인의 말

아버지의 발을 씻겨드리며

 시편마다 자기연민이 두드러짐을 본다. 민망스럽다.
 시집을 좀 미루더라도 그 끈적끈적한 것들을 확 긁어내리고 냉정할 정도로 객관적인 것으로 만들어 버릴까 망설이기도 했다. 그러나 이것이 '나'라는 생각, 이 또한 정직의 한 표현방식이라는 점으로 자신과 타협을 했다.
 나에겐 어려운 일이 있다. 나를 저 아래 바닥에 고요히 뉘어놓는 일, 건드리지 않으면서 적당한 거리에서 견제하는 일이 어렵다. 물론 노력은 하지만, 그러나 고요하게 쌓인 먼지를 향해 바람을 불어넣듯 어느 순간 '나'는 대책없이 위로 솟구쳐올라 부유하고 있는 '나'의 조각들과 맞닥뜨리곤 한다.
 그리고 그런 '나'를 보고 전율하게 된다. '나'를 '나'로 그저 그렇게 놓아두는 일은 나에게 그렇게 어려운 일인 모양이다. 그러나 앞으로는 가능하면 어둠침침한 그늘을 내 시에서 걷어내고 눈부시지 않은 편안한 빛으로 채워가고 싶다. '나'에게 지나치게 밀착되지 않은 객관성의 안목을 키우는 일도 중요할 것이다.

이 시집엔 아버지에 대한 시가 많다. 아마도 가는 곳이 뻔한데도 바라만 보고 있었던 자책감의 그림자들일 것이다.
 이 한권의 시집이 아버지의 발을 한번 더 씻겨드리는 일이 되었으면 좋겠다.

1999년초

신 달 자

아버지의 빛

* 차 례

I

아버지의 빛 〈1〉 ········ 12
아버지의 빛 〈2〉 ········ 14
아버지의 빛 〈3〉 ········ 15
아버지의 빛 〈4〉 ········ 16
아버지의 빛 〈5〉 ········ 18
아버지의 빛 〈6〉 ········ 20
그때 보았다 ········ 22
나뭇잎 하나 ········ 23
이야기 하나 ········ 24
임종 앞에서 ········ 26
길은 하나밖에 없는가 ········ 28

신달자 시집

II

손톱 ········ 30
허리病 ········ 32
수의(壽衣) ········ 34
갈매빛 어둠 ········ 36
아래로 아래로 ········ 37
발바닥 ········ 38
새벽 혼 ········ 40
눈썹 달 ········ 41
철거작업 ········ 42
새벽시간 ········ 44
붉은 신호 ········ 45
까치 한 마리 ········ 46
朴氏婦人傳 ········ 48
春香傳 ········ 50
장화홍련전 ········ 52
여자의 사막 ········ 54
봄강 ········ 55

Ⅲ

고속도로 / 자화상 ········ 58

고속도로 / 변방 ········ 60

고속도로 / 딸에게 ········ 62

고속도로 / 출근길 ········ 64

고속도로 / 퇴근길 ········ 66

고속도로 / 오직 달리기 ········ 68

고속도로 / 길 ········ 69

고속도로 / 급정거 ········ 70

고속도로 / 아버지 ········ 72

고속도로 / 경인선 ········ 74

고속도로 / 구름 ········ 76

고속도로 / 하행선 ········ 78

고속도로 / 어둠과 함께 ········ 79

고속도로 / 유령 ········ 80

고속도로 / 쉬고 가세요 ········ 82

IV

분만실에서 ········ 84
아기를 안으며 ········ 85
늙음에 대하여 ········ 86
무제 ········ 88
파초꽃 ········ 89
너 그거 아니? ········ 90
詩에게 ········ 92
등잔 ········ 93
희망 ········ 94
조국 ········ 95
겨울 일몰 ········ 96
기차 안에서 ········ 98
연구실에서 ········ 100
갈대밭에 간다면 ········ 101
성모님의 집 ········ 102
웃음소리 ········ 104
불행 ········ 105

V 시를 위한 아포리즘

증오와 연민 사이에서 ········ 108

I

아버지의 빛 〈1〉

　　(1)
아버지를 땅에 묻었다.
하늘이던 아버지가 땅이 되었다

땅은 나의 아버지

하산하는 길에
발이 오그라들었다

신발을 신고 땅을 밟는 일
발톱 저리게 황망하다

자갈에 부딪쳐도 피가 당긴다.

　　(2)
아버지는 다시 하늘이다.
뼈도 살도 녹아 땅 깊이 물로 스미면
속계(俗界)에 없는 맑은 호수
거기 하늘 있으리니
하늘은 땅에 묻어도 하늘이니

우러르라
그 고뇌 고독 다 순하게 걸러
푸르고 시린 하늘빛으로
퍼져가리라
저기 저 하늘빛
아버지의 빛.

   (3)
땅에 묻었지만
하늘에서 만나리

아버지의 피붙이 하나
겨울가지에 걸려서
이 꼭 앙물고
찬바람 이겨내면

아버지는 지는 해를 받아서
다음날 하늘 위로 떠오른다.

아버지의 빛 〈2〉

어느날부터 내 둘레를
가득 메워 오는 그것은
연분홍 미소로 받아도 송구한
은은한 물빛
편안하여라
고향길 골목어귀 아버지 든든한
등에서 바라본 일곱 살 적 하늘빛을
조금은 닮았다.

지금은 서서히 흙이 되어 가는
아버지 육신의 마지막 소멸이
이렇듯 염려의 빛으로
딸 앞에 이르시는가

흙 속에 남은
한가닥 뼈가 발하는
헌신의 불꽃
지상의 마지막 말씀으로 이르는
육친의 빛

아버지의 빛 〈3〉

어느날 문득
한발자욱도 뗄 수 없는
위기 그 순간

아버지
맨발로 내 앞을 대신 걸어가신다
낭자한 사금파리
모조리 두 맨발로 쓸으시니
앞이 깨끗하다

한방울의 피마저
자신의 몸속으로 거둬들이는
그 흔적없음

아버지 지나가신
저 순백의 길
저 지극 혼신의 빛

아버지의 빚 〈4〉

상복(喪服) 벗고 첫봄
애타게 찾아간
고향 살던 집

대문 앞에
나보다 먼저
젊은 아버지 서 계시다.

마음맞는 사람은
자주 만나나

약속 없었지만
살던 집에 같이 들어가
아버지는 시조 읊으시고
나는 교복 입은 채 숙제를 하고
부엌에선 어머니 도마소리 들리고

밖에는 호들갑스레
진달래 개나리 수다를 떨면
어느새 아버지

보이지 않는다

대문 앞엔
버들새잎 너울 나풀 출렁거리고
서울가는 길에는
앞서 가신 발자욱마다
푸른 빛이 고여 있었다

등(燈)이 켜 있었다.

아버지의 빛 〈5〉

세월 흐른 다음
그리움의 손끝이 펼쳐든
아버지의 일기장

온몸으로 쓴
유서의 간절한 핏자국을 본다.

한자 한자 생명을
헐어 쓴 병상일지
그 안에 폭우로 뒤척이는
강물 넘실거려
나는 미처 몇줄을 못 읽고
몸이 젖는다.

저기 저쪽이다!
생의 좌표로 힘차게
방향을 가리키는
아버지의 분명한 손끝
그 너머 일출보다
장엄한 빛이 터진다

아버지 육필 몇줄에
내 아침에
술렁이던 어둠 쉽게 물러가고
어둡던 눈이 밝아지는
광명한 유산이
내 앞에
아흔아홉칸 큰 궁궐로 서 있다.

아버지의 빛 〈6〉

우리집 제일 낮은 곳
현관
대들보 하나 서 있습니다.

작별할 것 다 작별하고도
이 세상 측은한 일 하나
남아 있어
가장 어두운 곳 구석
자신의 분신 하나
간절한 염원으로 서 있습니다.

아버지 한 생애 의지하던
낡은 지팡이 하나
역경(逆境)의 손때 어리어리 빛으로
살아나
그 사랑 절대 압축
하나의 별로
딸의 늦은 귀가를 비추시는
아버지

딸의 허약한 걸음 못내
염려스러워
지친 어깨 오가는 문전(門前)에
생전의 깊은 헤아림으로 서서
마지막 기도로 밤을 지새는
오 나의 하느님.

그때 보았다

어깨 늠름한 젊은 시절
주머니 두둑한 중년의 의젓한
모습에도 엿볼 수 없었어라

한점 살까지 마음까지
완연 육탈한
다만 순종 두 글자의 뼈로 누운
형해(刑骸)의 끝

그때 보았다
오직 두 눈에 넘치는
맑은 섬광
딸이 처음 본
지상의 가장 아름다운
아버지.

나뭇잎 하나

막 떨어진 나뭇잎 하나
밟을 수 없다.
그것에도 온기 남았다면
그 스러져가는 미량의 따스함 앞에
이마 땅에 대고 이 목숨 굽히오니
내 아버지 호올로 가시는
낯설고 무서운 저승길
내 손 닿지 않는 먼 길
비오니
그 따스함 한가닥 빛이라도
될 수 있을까 몰라
울 아버지
동행길의 미등이 될 수 있을까 몰라

막 떨어진 나뭇잎 하나

이야기 하나

아버지는 바람둥이였다.

백 개의 나무 천 개의 꽃
한 트럭의 여자를 사랑했다
두 트럭의 여자를 사랑했다
세 트럭의 여자를 사랑했다
그리고 여자들도 근접치 못하는
맑고 고요하고 빈 자신의 가슴 한쪽을
사랑하였다.
여자들은 서로 그 은밀한 곳에 가려고
싸웠다. 가도가도 멀기만 한 그 빈 가슴
때문에 열 트럭의 여자들이 아버지를 사랑하였다
여자들은 위험한 정상 위태로운 고독의
동반자를 갈망하는가
고독한 여자의 혓바닥은 고독한 살냄새를
핥고 싶은가. 고독의 빈 가슴에 자신의
목숨을 처넣기 위해 여자들은 고독의 머리칼을
쥐어뜯었다.

사랑의 이름으로 온 고독도

고독의 이름으로 시작된 사랑도
모두 민둥머리가 되었다
그때였다. 아버지와 여자들에게
백 트럭의 고독이 더 배달되었다.

임종 앞에서

아버지가 숨을 거두었다.
그 순간 내 말과 언어도 죽었다
워워어어 짐승의 비명만 흘러나왔다
아버지의 죽음을 바라만 보고 있는 자는
짐승이 되는가
화살을 맞은 짐승처럼 펄펄
뛰기만 할 때
세상이 기우뚱했다
짐승의 소리로 아버지의 마지막을
장식하는 나는 한 마리 돼지

신생아 손톱만큼 남은 아버지 시신의 온기를
온몸으로 긁어모으며
아버지! 아버지!
아득히 멀어지는 온기의 끝을
대롱대롱 매달리고 있었다.
이렇듯 높은 벼랑이 있는가
열 손가락이 닿아도 따를 수 없는
그 온기……
침묵으로 굳은 아득한 빙판에서

아버지의 식은 가슴에 얼굴을 묻은 채
속수무책 우리는 헤어지고 있었다.

길은 하나밖에 없는가

탄생에서 임종까지
88년이 걸렸지만
임종에서 하관까지
사흘이 걸리지 않았다.
너무 빨리 아버지를
묻어 버렸나
서둘러 사망진단서를 떼고
매장 허가서를 받고
어서어서 일이란 끝내야 한다고
손놀림 빠르게 아버지를 묻고
두 손 탁탁 털어 가볍게
돌아와 버렸어
다음날 딸과 함께 동회에 가
아버지 이름을 지웠다
동회에서 나와 멋적게 하늘을 보았다
꼭 그 길밖에 없었던 것일까
발이 땅에 닿는지도 모르게 황급히 걷는 내 뒤를
딸아이가 소리없이
내 등을 바라보며 따라오고 있었다.

II

손 톱

한번쯤은 할퀴어서 앙칼진 여자의
성깔머리 보여 주고 싶었다.

가라 가라 몸안에서 떠밀려
드디어 손끝에 다다라
세상 앞에 드러난
세상을 향한 나의 저항

그러나 체질적으로
저항은 조금만 길어도 불편해
가위를 들여대 잘라 버린다.

그것도 잘 다듬으면
날카로운 펜촉으로 도약
몸안에 오래 고인 진한 울화 배어나
이 세상 어느 벽보판에 붉은 글씨 하나
남길 수 있거나

중심없이 흔들리는 세상을 겨냥한
화살촉으로 키워도 좋으련만

시원하게 입 한번 떼지 못하고
묵묵히 고요히 목이 잘린다.

콕 찍어 피 한 번 내지 못하고
으윽하고 소리 한번 치지 못한 채
유순한 침묵으로 굳어 잘리고 마는

그러나 미지의 세상을 향해
멈추지 않고 자라나는
여자의 숨은 반란.

허리病

젊은 날 딱 한 번 삐딱한 옆치기 걸음
평생 심한 허리병으로 쑤셔온다.
바로 가야지
건방을 떨고 지가 무슨
비극적 사랑의 주인공인지
바른길 뿌리치고
게걸음으로 몸을 뒤틀더니
앗! 그때
척추의 기둥이 쫙 금이 갔다
어긋난 척추는 바로 맞출 것
구부러진 허리는 바로 세울 것
허리 두들기며 살아왔지만
한 번 금간 허리는 완전회복이 어려웠다

허리 굽으니 아침이 굽고
허리 아프니 저녁이 아팠다
사람은 뼈가 본바탕이니까……
요주의! 요주의!
입버릇처럼 외치고 살았지만
어긋난 허리 버티고 사는

멀쩡한 절름발이
멀쩡한 곱사
어쨌든 정상(正常)은 아니라니까.

수의(壽衣)

그의 수의를 짓는다
그가 입은 옷중에 가장
비싼 옷
안동포 누우런 삼베로
날개옷을 짓는다.

수의는 윤달에 지어야 좋다고
좋다고 우기는 그의 뜻에 따라
누우렇고 암담한 작별의 의상을
저녁짓듯 짓는다

늘 우리 사이 죽음이 누워 있어
나 외로운 새벽 옆으로 돌아 누우면
안겨오는 것은 싸늘한 흙바람소리 들리는
사계(死界)의 하늘
따스한 불빛 하나 찾아
참 많이도 헤매고 다녔으나
얼음벽에 이마만 부딪치고
돌아와 나 지금
그의 평화를 짓는다

이 날개옷 입는 날
그는 날으리라
제대로 걷지도 못한 이승의 억센 한(恨)
쫌쫌한 삼베의 그물에 걸러서
곱디고운 물빛으로 날아올라라

그에 대한 나의 소임은
나를 몰랐던 무형의 시절로
되돌려 주는 일이다
완성의 이름으로 그의 마지막길을
지키는 일이다.

갈매빛 어둠

한강의 물빛도 하늘빛도 이 세상
모두 남빛 어둠으로 가득한
겨울 저녁 7시
뛰어들어라 뛰어들어라
저 깊고 현란한 어둠속으로 몸을 던져라
허공 속에도 수심 깊은
청빛 바다가 있다는 것을 허공의
푸른 영혼을 본 사람은 안다
어둠의 속살은 저렇듯
신비한 바닷빛으로 어우러져
해안(該案)의 통찰로 밤을
기다리는 자에게 어둠은 잠시 그 영혼의
속살을 보여주며
이내 숨어버린다
어둠 속에도 분명
진한 갈매빛의 불을 켜는 가슴이 뛰어
그것을 잠재우지 못하는
벅찬 감격 안에서
천만 송이의 장미가 피어오르는
나른한 유록빛 한밤을
철썩이고 있을지도 모르는 일.

아래로 아래로

산 위에만 정상이 있는 것은 아니다
산 아래 뿌리께
이마를 땅에 대듯 몸을 낮춰
아래로 아래로 더 굽히면
저 깊은 땅에서 올라오는
뜨거운 손이 손잡아 주는 희열
그 끝에
몸안에서 흐린 인식을 몰아내는
빛 하나 눈떠
자신의 오른손이 자신의
귀싸대기를 때리는 自省의
후회와 지난날의 굴욕을 토해내는
그 시간
거기 근엄한 정상이 높이 서 있다는 것을.

산 위에만 선들바람이 부는 것은 아니다.
모자를 벗고 삶의 키까지 줄여
고요히 엎디어 코를 낮추는 그 아래
아래에서도
명경 같은 하늘과 이마를 때리는
신성한 침묵과 열어야 할 山門이 있다는 것을.

발바닥

새벽에 나는 발바닥이 된다
서서히 세상으로 치닫는
몸 하나를 받쳐들고
한밤 꿈에도 놓지 못해
더 자란 욕망의 꽃망울들을
휘어지듯 받쳐들고
고요히
땅과 마주하며 숨죽이는
발바닥.

두 손을 모으는 기도보다
더 경건히
저 수천 미터의 지하에서
터져나오는 예리한 외마디
경고에 귀기울이는 순간
얼어붙는 듯 조여오는 긴장
미동도 허용 않는
천명(天命)에의 순종

눈 감았다

그 순간 나는
지상것들과 완연 등돌리고
집중의 눈초리로 다가서는 땅과
맨가슴으로 밀착되는
납작한 발바닥이 된다.

새벽 혼

조심하라
이제 막 열린 이슬 곁을 지나 떠나갈 때는.
촉촉한 것은 살에 닿지 않아도
가슴 울린다.
너무 작아 안쓰러운 것까지
혼이 울린다.
신성한 기운으로 뻗어오는
저 푸르스름한 새벽 어둠 속에는
돌을 던져도 생명의 소리가
들릴 것 같다.

차지만 독기 같은 의지가
한 마리 건강한 독수리로
비상하는 새벽 4시
조심하라
울림의 여운이 빛을
불러들이는 시간
아예 거짓말은 근접도 말라.

눈썹 달

어느 한(恨) 많은 여자의 눈썹 하나
다시 무슨 일로 흰기러기로 떠오르나
육신은 허물어져 물로 흘러
어느 뿌리로 스며들어 완연 흔적 없을 때
일생 눈물 가깝던 눈썹 하나
영영 썩지 못하고 저렇듯 날카롭게
겨울 하늘에 걸리는가
서릿발 묻은 장도(粧刀) 같구나
한이 진하면 죽음을 넘어
눈썹 하나로도 세상을 내려다보며
그 누구도 못 풀 물음표 하나를
하늘 높이에서 떨구고 마는
내 어머니 짜디짠 눈물 그림자.

철거작업

   (1)
심정적으로는
단 몇초의 시간에
지난 세월들을 폭파하고 싶다.
그리하여
먼지로만 남은 회색 잿더미
핏발선 눈으로 열두 번 더 태워
다시 한줌 재
겨울 꽝꽝 언 들판으로 날려 보내고 싶다

지금 나에게 남길 게 무엇인가

   (2)
그러나 나는
한순간의 폭파로
내 생이 해체되는 걸
거절하겠다

마음부터 냉엄히 털어내고
벽돌 하나하나를 덜어내듯

짓는 마음으로
경건히 조금씩 부숴내고 싶다.

짓는 기쁨의 성취보다
허물어내는 허무의 만족을 껴안으며
하나의 어둠 하나의 빛
하나의 소리를
정면으로 마주하며
쓰라린 아픔을 맨이마로 부딪치고 싶다

    (3)
드디어 없음.
없음 그 자체도 의식할 수 없는
진실한 몰락이 피워내는
하나의 공간
고층보다 더 아스라히 높은
빈 공간.

새벽 시간

이 신령한 새벽을 덮은 건
젖물 같은 안개지만
이것도 오래 붙들 수 있는 건 아니다
발등조차 보이지 않는 지상 구름 그러나
이것을 곧 벗겨내는 양양한 아침 햇살도
오래 붙들 수 있는 것은 아니다
너무 짧아 간절한 새벽이여
내 마음이라는 것이 머리카락 끝에 붙어
사방천지 휘날리고 있지만 그것이
내것임에도 내 마음으로
한길로 모아지지 않는 사나운 들개지만
그렇다. 그것도 오래 미쳐 나갈
힘이 있는 것은 아니다
그대여. 영원이라는 말은 사랑이라는 말보다
더 독설이다
내가 믿는 것은 짧아서 더 깊고
차가워서 더 빛나는 이 새벽
이 새벽의 긍휼한 시간 속으로 다가서는 일
그 안에 우리가 있다는 그 사실
뿐이다

붉은 신호

잠깐 붉은 신호 앞에서 졸았다.
뒷차의 뺑뺑 신경질 소리가 났다.
발빠르게 액셀러레이터를 밟고
푸른 신호밑으로 달려갔지만
졸음은 깨어나지 않는다.
나도 금이 갔어. 이렇게 길에서
졸기나 하는 무덤덤한 세상을
지나고 있다니……
검은 운전대를 껴안고
창자가 넘어올 듯 울먹거리던
긴 세월 지나고
슬픔도 오래 살섞고 사니
닳은 문턱처럼 그게 그거다
요즘은 자주 위급한 상황조차
졸고 있어. 아버지를 땅에 묻고
돌아오면서 맙소사 차창에 이마를
부딪치며 나는 졸았어
아무도 안 보았겠지. 나는 눈에 힘을 주며
사방을 두리번거렸어.

까치 한 마리

겨울 아침 까치 한 마리
집 앞 나무 위에 앉아 있다

그가 가지고 온 것이 겨울이라 해도
무작정 불꽃 터지는 비약으로 질주질주
시린 발을 털며 나무의 온기에
발을 비비는 하나의 미물에
바라는 기대

까악 까악 까악 좋은 일
어여삐 전해오는 전설에
환히 밝아오는 하늘이여
마음 부풀리는 상긋한 싸인에
시선을 떼지 못하고 마음을 기울이는
겨울 아침

그러나 그와 눈이 마주친 것이
행운의 보증서는 아니다 어둠이
내리는 겨울 퇴근길 아무 일도 일어나지 않은
무사한 하루를 섭섭히 끌며

이미 어디론가 날아갔을 까치 한 마리
고요한 흔적 그 허공에게 묻고 싶다

푸르른 일렁임도 지워진 어둠 너머 어둠
까치 앉았던 나뭇가지도
어둠을 둘러 쓰고 잠잠하다.

朴氏婦人傳

바로 지금쯤에
평생의 업(業)이던
추물의 탈을 벗을 수 있다면

그렇다면
살구꽃 발그레한 미소 머금은
복사꽃 같은 복진 얼굴
깊은 어둠 물리고 솟아오르나

너무 아름다워
천지 서기(瑞氣) 돌고 그 주변 갑자기
말문 콱 막히는
빛의 용모
천상의 미색이 과연 드러날까

사람들 피해 산
긴긴 유배의 별당살이
이제 한걸음쯤 남았나 몰라

바로 지금쯤에

영문 모를 추악한 생의 액운 풀려
이 누더기 추물 허물 벗으면
나 절세미인으로 다시 태어나
그대 입신출세의 준마(駿馬)가 되어
조강지처 그 자리 나도 한 번
앉을 수 있으려나 몰라.

春香傳

목에 칼을 누르니 그게 대수냐
연 이레 굶으니 그게 대수냐
사약(死藥)보다 더 험한 길 뛰어들면서
오직 너하고만 살꺼야
오직 너하고만 살꺼야
혀 물어 죽어도 다른 길은 안간다
옥반석 황금반석 지푸라기처럼 던지며
단 한 사람 이름 업고
몇백년도 회복 못할 오염의 사해(死海)에
선뜻 네 생을 던지고 말았구나

스물몇살 고운 몸이 수중에서 만난 건
용궁도 구조의 거북이도 아닌
아뿔싸 무지막지한 식인상어
망망대해 비무장지대 수심 속에는
공수동맹의 검은 물고기떼

지조와 정조는 하늘과 같아서
거지된 서방도 옷 갈아입히는 거
소용없는 서방도 밥차려 먹이는 거

칼을 쓴 감옥살이 달게 달게 받는 거

육지 밖으론 허튼 소문만 나돌았다
행색을 알 수 없는 부패한 여자 하나
누구도 그 현장을 구경하지 말라.

장화홍련전

악의 화신이여 너의 이름은 계모
백년이 가는 악의 비유법
천년이 가도 지워지지 않을
지금도 단두대 위에 목이 잘리고 있는
악의 관이여!

누구든 그렇게 살아보라지
쥐도 새도 모르게
목졸라 죽이지 못해
쥐잡아 누명씌우고
강물에 빠뜨리는
그래 그래 그 순리성의 악의는
처절한 업보의 연장

살해의 음모는 대명천지에 드러났지만
계모의 악을 음모한
숙명의 가해자는 오 누구?

죽음으로도 못 벗는 악의 형벌을
오늘 내가 용서하려고

장미 한 송이 허공에 던지려 했지만
백년을 수군대며 손가락질해도
분이 안 풀리는 민심은 침묵

사는 것이 곧 형벌인
부러진 한 여자의 늑골 하나 다시
고전(古典)이 되는 거 본다.

여자의 사막

주저앉지 마라 주저앉지 마라
저기 저 사막끝
푸른 목소리가 있으리니
왼손이 오른손에게
오른손이 왼손에게
타이르고 다시 타이르는
마지막 한순간의 절대의지

발가락이 타들어가는
죽음의 전선을 건너
오직 닿아야 할 곳은
그대 두손이 잡히는 곳

떠나지 마라 떠나지 마라
내 몸의 절반이 모랫벌에 묻힌들
그대 앞에 당도하는
이 생명은 꺼지지 않아.

봄 강

금방이라도 치마를 휙 걷어올릴 것만 같아
조바심친다.
밤새 꿈틀거리며 잠들지 않는 저 봄강의
부풀어오르는 엉덩이에
가끔 지나가는 자동차의 서치라이트 불빛이
숨찬소리의 신음을 흘리고 가는
새벽
저 멀리 버티고 선 올림픽대교의 기둥이
무슨 일로 가까이 다가오고 있다
물속 빛의 교감일까
조마조마하다 당장이라도 저 봄강이
온몸으로 속옷까지 풀어헤칠 것만 같다.

고속도로
―― 자화상

달리는 재미도 있었다.
발끝에 번쩍 별이 터져도
달려서 까무라쳐 박살이 나도
그건 그것으로 가슴이 차올랐다.

잘 가는 행렬에서
추월도 해서 남의 자리 빼앗아
눈총도 받았다.

무모한 달리기는 뻔한 것이지
규칙을 깬 자리엔 난자한 유리 부스러기
살 찢어진 자리를 깁고 또 기웠다.
젊은날은 수모도 자존심인가
가속 붙는 불행도 오만으로 포장했다

지금은 고요한 서행주의자
고속도로에서도 안전만 생각한다
가라가라 모두 앞세우고
생명의 중앙선을 정조처럼 지킨다
유혹도 다스리는 노련한 참을성

비명 같은 울음도 삼킬 줄 아는
명연기의 연륜이 슬프다

오늘도 핸들 하나 가슴에 끼고
앞차와의 안전거리 숨죽이며 지키는
밤눈조차 어두운 늙은 거북이
제몸에서 흐르는 헤드라이트 불빛에
서늘한 야밤 하루끝을 기대며 달린다.

고속도로
── 변방

길이 보인다. 마음으로 더듬는
고속도로 변방

어머니 글씨처럼 삐뚤어지고
받침없는 길이
하얗게 여윈 채 엎드려 있다.

누가 아는 체하지 않아도 잡풀들은
불평없이 길들을 지키고
경적을 울리는 고속도로 질주를
노오란 순응의 미소로 햇살에 섞고 있다.

못난 것들은 저들끼리
고요히 꽃들을 피워 서로 어우러져
화해의 은근한 향을 만드는가

몸낮추어도 키가 잘 맞지 않는
작은 벗들 그 풀섶 거기
별과 눈맞추는 내 마음 한가닥
풋정 내리며 자라고 있으리

저 변방의 푸른 물결이 달리는 자의 시선에
살결의 촉감으로 어루만져질 때
나는 느꼈다. 스치는 순간에 쩡 울리는
통징의 울림

변방에도 바람이 불고 있다.

고속도로
—— 딸에게

고속도로에 비가 내린다.
자동차 안에서도
두 발이 젖는
자정의 귀가길
시속 50킬로의 느린 행보가
비틀거린다.
집을 향하는 상행선의
마음은 시속 5킬로미터
안성휴게소에서
내키지 않는
커피를 느리게 마신다
네가 알다시피
이대로 한밤을 길에서 지새더라도
당도하고 싶지 않은
서울의 어둠속이 가까워올 때
돌아 돌아 늦게 도착하기 위하여
분당의 16층 네 집 불켜진 창을 바라볼 때는
더 세차게 비가 내렸다.
잘 자. 내게 남은 희망을 네 창으로 모조리
던져주며 불빛만 안고 돌아올 때

서울의 어둠은 바로 내 앞에 있었다.
그때 갈비뼈 하나라도 뽑아
탕하고 나를 향해 방아쇠를 당기고 싶었다

고속도로
―― 출근길

새벽달 사위어가는 소리
목에 감은 채
시동 건다.

아직 깨어나지 않은
땅 놀라는 소리 속으로
새벽안개를 가르며
달린다. 무슨 경각에 달린
목숨을 구하기나 하듯
까무러칠 듯 달리는 고속도로

저기 저 창 밖의 나무 새벽 어둠을
둘러쓰고도 나 가는 것 알아본다.
한 마디 말 나눈 적 없는 반쯤
죽은 나무들 문득 손잡고 싶은 맘
눌러 더 속도 낸다

점점 다가오는 공포
중단할 수 없는 속도의 두려움
오산을 휘돌아 지나 다음은 내리막길

쏟아질 듯한 가속의 순간에
내가 잡고 있는 건 검은 핸들뿐이다.

서서히 여명의 빛이
안식처럼 도로에 깔리면
아침은 밤이슬을 털고
주섬주섬 빛을 향해 제자리를 찾지만
어깨가 서늘한 여자는
표지판에도 없는 지명을 따라
마음은 더 고속으로 달린다.

어디를 가나 아무리 가도 닿지 않는 곳
벌써 몇 해쨀가.
길 묻는 목소리 하나로
길 위에서 바람과 섞이고 있다.

누가 서 보라고 말하는 이 없는
텅텅 빈 골다공증의 새벽 고속도로
150킬로의 위급한 의문부호로 달리는
여자 하나 지금도 가고 있다

고속도로
—— 퇴근길

혼자 간다
150킬로 속도로 달리는
차창 밖은 어둠

서울에서 평택
평택에서 서울
세상의 길은 오직 이것뿐이다
오직 이것뿐인
검은 사막.

어디 잿불 같은 안식 기다리고 있어
위험을 가르고 야밤의 고속도로를 달려가나

〈소통원활〉

문자판을 보고 달려가지만 야밤엔
길보다 마음이 더 막힌다
어디 다정히 머무를 곳이 있는 사람은
마음에도 고속도로가 있을까

나는 잠시 갓길에 차를 세우고
검은 사막의 샘물 같은
별 하나에
치미는 노숙(露宿)의 갈망을 풀어놓는다

〈도로에서 잠들까 보다〉

앗! 그때
요란한 견인차의 소리소리
갓길의 노상(路上) 안식도 부상당한다

비명에 시달리는 도로에 쫓겨
서서히 움직이는 여자 쉰의
야밤 귀가길
귀가길의 방향이 어둠에 묻히고 있다.

고속도로
―― 오직 달리기

또 지나쳤다.
고개를 돌려도 돌려도 이미 늦었다.
백밀러에도 보이지 않는다
애진작 허사다.

내가 마주하고 내가 얼싸안아야 할
그 모든 것들은
속절없이 등뒤로 사라지고
오직 달리기 앞만 보고 달리기
죽어도 달리기
달려만 간다

고속도로엔 유턴도 없다.

고속도로
── 길

달린다. 빛이 가까워 오고 있는
녹음속 어스름 여명속

전생에서 태반까지 아마도 천년이었을
내 탄생까지 달려온
그 무형의 길

태(胎)를 자르고 우주로 떨어진 물방울 같은
생명 하나 여린 잎사귀로 세상 어귀에 돋아
헐떡이는 푸른 피 거쳐
이제 흔들잖아도 떨어질 잎새만 달린
옥양목빛 시간에 이른 이 막막한 길

그리고 저 세상 너머로 가는 의문의 길
그 길이 바로 저런 길일까

녹음속 어스름 여명속.

고속도로
―― 급정거

달려도 달려도
차창 밖은 겨울

황량한 벌판의 모서리끝
시선 끌고 있는 물건 하나 있다

가을 타작에도 쓰러지지 못하고
겨울 들판을 지키고 있는
허술한 허수아비 하나

손 잡자

때마침 저녁 바람에 펄럭이는
그의 이마에
상기도 취기를 올리는
서해 노을

급정거!

다급한 나는

눈앞에 보이는 까치집이라도
서둘러 더불어 발 디밀고 싶었다.

고속도로
── 아버지

겨울 한기를 뚫고
달리는 고속도로

뼈만 으스스 움츠려 떠는
앙상한 나무들 보인다

아직도 식힐 게 있을 것도 아닌데
찬바람을 맨몸으로 부딪치며
고개를 두리번대는 퀭한 눈

가랑잎 두엇으로
사타구니를 가리고 있는
먼지 쓴 등굽은 나무 하나 가까이 온다

나는 급브레이크를 밟으며
아버지!
구순(九旬)으로 넘어가는 나이에
어두운 골방 홀로
다리 긁으며
죽음의 끈을 당기며 사는

쓰레기 봉지보다 가볍고 싼
아버지가 거기 있다.

나머지 생을 이기기에
하루는 손잡이도 없이
너무 길어

겨울 고속도로변에 나와
말동무를 찾는가
고속도로
그 마지막길을 쓸려 가고 싶었을까.

고속도로
—— 경인선

일요일 새벽 아버지는
부평쯤에 바람으로 나와
날 맞이하신다.

서울 올림픽도로 새벽 어스름
푸른 물결 숨차게 헤쳐 달려가면
여명도 가시지 않은 경인 고속도로
푸른 깃발 흔들며 마중나와 계신다
"나 가요 아버지"
먼저 목소리 던져놓고 액셀러레이터 밟으면
어느새 서인천 노인 전문병원
핏빛 딸기 한 상자 들고 병실 들어서면
우글거리는 노인 그 가운데
눈마주치는 내 아버지
한무더기 똥처럼 마지막 생을 뭉개고 있는
내 아버지

젊은날 그 억센 바람 몇천 날개
어디다 부려놓고
마른 번데기 하나로

서서히 세상을 비워가는
내 아버지.

고속도로
—— 구름

구름 한덩이 보고 달린다
차가운 겨울 하늘에
순백의 깃발처럼
희고 눈부신 손짓이여

〈그래 너에게로 간다〉

냉정히 입 다물고
득도의 자세로 눈감은
겨울 나무들
고귀한 사색의 시간이라나
아는 척도 하지 않는
좌정하고 돌아앉은 능선들이여

다신 안 본다.
나는 더 확실하게
쌀쌀맞게 돌아서서
150킬로의 빠른 걸음으로
오직 황홀한 손짓 하나
따라왔는데

어디로 갔지
은근한 남정네 손짓 같은
그 구름 한덩이도
바람의 질투였나 사라지고 없네.

고속도로
—— 하행선

내려간다.
달리는 속도의 하강 가속

떠오르는 해를 등에 지고
서쪽을 향해 달려가는
평지의 벼랑

떨어져 내린다
한풀 꺾이는 내 인생의
하행선

그러나
상행선에서 볼 수 없는
산능선의 수묵 그림
거기 내 침묵의 말을 걸어 놓고
끓어오르는 오욕의 육두문자를
깊이 묻어 썩힌다

내려간다
바닥끝까지 떨어져 내린다
지금은 이 수업에 충실한다.

고속도로
―― 어둠과 함께

나 어둠과 한살림 차려
살섞고 자식 낳아
오래 살았다.

달려도 달려도 어둠뿐인 고속도로
옆눈질도 당치 않은 한패거리 무리들
야밤도주도 애진작 글렀었다

미워해도 어둠 더듬어도 어둠이던
캄캄하던 어둠의 풍랑 속을
목숨 부지하고 살아 온 기법은
그저 말없이 나도 어둠이 되는 것

날이 밝고 봄이 오는 고속도로 주변에
아이고 애비도 모르는
꽃다지꽃 피었네
앵초꽃이 피었네.

고속도로
──유령

이런 날은
하늘도 휴일이다

빛은 다 어디로 갔는지
하늘 가득 메우던
달도 별도
그것을 가리키던
손끝의 섬광도 보이지 않는다.

적막강산

그대여
이런 날은
평지도 절벽처럼 아찔하구나

눈을 뜨자 눈을 뜨자
누가 나를 시험하듯 지켜보고 있으니
유령같이 부릅뜬
야광의 두 눈으로
내 생의 1차선을 밤도 없이 달려가면

어느날
그대 발끝 앞에 도달할 수 있을까.

고속도로
—— 쉬고 가세요

바람 몹시 부는 날 밤
고속도로변에 볼연지 잔뜩 바른 꽃 하나
창녀의 모습으로 애원하며 서 있다
쉬고 가세요 쉬고 가세요
저 꽃 동성애를 하자는 거야
고속으로 달리는 고속도로에
머뭇대는 남자 하나 만나지 못해
글쎄 하필이면 나란 말이야
속도를 줄이며 가까이 가 보니
불쌍하다 화냥기 진하여 쫓겨난
유부녀?
바람에 휘날려서 애당초 길거리로 나선
피골이 상접한 코스모스 하나
바람불 때마다 살 쏙쏙 내리는
그래도 사람 하나 붙들려고
마른 몸을 비틀며 징그러운 교태를 부리는
고속도로변에 홀로 선 코스모스 하나.

IV

분만실에서

우주의 양쪽 끝을 잡고
마지막 힘을 주는
딸의 앙다문 이빨에는
내 수명의 절반쯤 물려 있었다.

힘을 줘! 힘을 줘!
머리칼을 쥐어짜는
초긴장의 저녁 8시
으앙! 하고 세상을 여는
새생명의 굳건한 소리

그때
별안간 내 안에서 양수가 터지면서
생명 하나가 꿈틀거렸다
여자가 된 딸이여 눈감아 다오
나는 사타구니를 비집고 나오는
익명의 핏덩이를
내 손으로 황급히 받고 있었다.

아기를 안으며

어서 오십시오. 황급히 손씻고
두 손을 벌립니다
굽이굽이 흐르는 물길따라
푸근히 닿을 곳도 있었을 것이나
내 사랑하는 딸의 아기로
환하게 오신 연분
이 세상을 미처 청소는 못하였으나
눈물나게 그저 감사합니다

다만
내 억새 같은 두팔
빗금 많은 가슴으로 안아드리는 일
용서하시며 무슨 흥분인지
무슨 눈부신 일인지
마구 가슴이 뛰는 이 출렁이는
입술을
아기 예수님 볼에 감히 대는 일
넌즈시 받아 주십시오
참 잘 오셨습니다

늙음에 대하여

그를 애타게 기다린 적이 있었다.
스무 살 때는 열손가락 활활 타는 불꽃 때문에
임종에 가까운 그를 기다렸고
내 나이 농익은 삼십대에는
생살을 좍 찢는 고통 때문에
나는 마술처럼 하얗게 늙고 싶었다.

욕망의 잔고는 모두 반납하라
하늘의 벽력 같은 명령이 떨어지면
네 네 엎드리며
있는 피는 모조리 짜 주고 싶었다

피의 속성은 뜨거운 것인지
그 캄캄한 세월 속에도
실수로 흘린 내 피는 놀랍도록 붉었었다

나의 정열을 소각하라 전소하라
말끔히 잿가루도 씻어내려라
미루지 마라

나의 항의 나의 절규는
전달이 늦었다
20년 내내 전갈을 보냈으나
이제 겨우 떠났다는 소식이 당도했다

이젠 마음을 바꾸려는
그 즈음에……

무 제

빙벽에 스쳐도
불길로 타는
바위에 부딪쳐도
석화(石花)로 피는
그 열정
그 피어남으로
지는 해도 지긋이
가슴에 품다.

파초꽃

꿈꾸는 태양이
내 심장 속으로 흘러들어
불을 놓는다.

붉은 파도가
활화산 같은
거대한 폭음이
내 생의 잿더미 위에
용광로로 끓고

거짓은 죽어라 타죽어라
밤새 기도하고 눈뜬
여름 가는 아침 뜨락에

그대 속삭이며 달려오는
혓바닥 같은
파초꽃 한 송이
맹추(孟秋)의 여자 하나 불태운다.

너 그거 아니?

오직
너의 등을 비추기 위해
밤하늘에 별 하나 떠 있었는 걸 아니?

세상 모두가
너의 등 하나로 축소되는
그 순간
흰 도라지꽃 하나
신의 등불처럼 너의 등에
피어나고 있었는 걸 아니?

내 인생의 짐을 모두 내려놓고
하마터면 목숨까지 지우면서
가볍게 네 등에 업혀
나는 눈을 감은 채
세상의 가장 높은 곳을 보았다.

참으로 오래 찾아 헤맨
비밀부호로 숨어 있었던
황홀한 평화

그거 아니?

거친 바다를 늠름히 건너온
너의 사막이 내 가슴 앞에
꽃길처럼 열려
너의 등에 얼굴을 묻는 순간
순간 그 순간이
내 신생(新生)의 탄생임을 너 아니?

詩에게

어릴 적
외갓집 마당에 선 감나무 한 그루
그 낮은 가지 끝에 매달린
붉은 단감 한 알
있는 대로 손 뻗어도 닿지 않았다.
태양을 따듯이 발돋움하고
그래도 가당찮아
사과상자 흔들흔들 올라갔지만
허술한 상자 무너지며
정강이만 깨어져 감빛피로
벌겋게 물들 뿐이었다

지금도 닿을 듯 말 듯 그 거리는
좁혀지지 않아
감 하나 따지 못한 빈손 들고
정강이만 어리어리 저릴 뿐이다.

등 잔

인사동 상가에서 싼값에 들였던
백자 등잔 하나
근 십 년 넘게 내 집 귀퉁이에
허옇게 잊혀져 있었다.
어느날 눈 마주쳐 고요히 들여다보니
아직은 살이 뽀얗게 도톰한 몸이
꺼멓게 죽은 심지를 물고 있는 것이
왠지 미안하고 안쓰러워
다시 보고 다시 보다가
기름 한줌 흘리고 불을 켜 보니

처음엔 당혹한 듯 눈을 가리다가
이내
발끝까지 저린 황홀한 불빛

아 불을 당기면
불이 켜지는
아직은 여자인 그 몸.

희 망

초등학교때 내 희망은
교회첨탑의 높이
새로 난 시멘트 다리의 폭이었다.

그렇게 높게 그렇게 넓게……

서울 바람을 먹고
대학 시절 방학에 내려가 본
내 희망은
주머니에 넣어도 모자랄
그 높이 그 넓이였다.

지금은
다시 그 교회첨탑은 높기만 하고
다리의 폭은 넓기만 한데
거품 같은 세월은 나쁘지만 않아
탐(貪)을 버리고 진(眞)을 찾는데
손가락쯤 닳아도 아프지 않은……

조 국

조금만 나가면 볼 수 있다.
국토의 어느 강줄기
차창으로 떠오르는
죽은 물고기떼를 보면
저 이름 모를 강이
내 어깻죽지처럼 아프구나
재앙은 이제
물밑에 숨어 있지 않고
무심하고 게으른 시선에도
뚜렷하게 잡힌다.
조금만 더 나가면 볼 수 있다
숨어 있는 순결한 땅의
숨을 막는
산업 배설물의 화려한 쓰레기들
거기 우리 함께 건너왔거늘
드디어 발등에 떨어진 IMF라는 것이
뼈가 흐렁흐렁 울리는
생인손 앓는 것 같음을 알겠구나
심장속까지 곪는 것 같은……

겨울 일몰

누가 줄을 잡아당겼나
잠시 묵례를 하고 고개를 드니
해는 어느새 떨어지고 없었다.
내 젊음이 저와 같다면
사방천지 피뿌리며 왜 곤두박질쳤을까

뜨거운 것이 무서워
몸속 불꽃을 자해로
덩어리째 흘려 흘려
어둠 속에 하얀 박꽃으로 피어 있었을 때
해는 잔인하게 더 붉은
얼굴로 떠오르곤 했다.
해를 바라보는 것으로
피가 되면 어쩌나 어쩌나
그러나 어차피 내 젊음이 기울어지는
해와 같다면
왜 한 번도 이쁘게 웃지 못하고
안된다는 사랑에 목숨 걸고
밤낮을 죄인처럼 숨어 있었나

해 진 겨울밤은 춥고 아프다
날마다 젊음은 지는 해 따라
조금씩 넘어가고
이제 더는 넘어갈 것 없는 캄캄한 서쪽 하늘
피 한방울의 등불이 그립다.

기차 안에서

비가 내리고 있다.
창 너머 우산을 쓴 사람들
그 뒤에 빗줄기 서 있다
전주역을 출발 소정리 지나
조치원역
서울은 아직 보이지 않는다
차창으로 보이는 초겨울 적막이
비안개를 몰아와
기차속도를 힘겹게 따라오고 있다
헐떡이는 것이 무슨 사연 있다
몽롱한 비안개는 나와 속마음을
터놓자는 것일까
곁눈질을 하며 눈짓을 보내지만
아니다 아니다
앞뒤도 없는 너와 속을 풀자면
오늘 한나절 서울은 못 간다
너와 함께 암울한 신비가 되어
한줄기 폭우로 쏟아져 뒹굴고도 싶다만
안개를 앞지르는 빗줄기 다가와
가라고 가라고 귀띔해 준다

기차 안에서 바라보는 것은 어차피
결국은 이별이라고.

연구실에서

야간수업을 끝내고 돌아온
밤 10시의 연구실

파도도 없이 깊어가는
무한 정적의 고요

바로 그때
짜르르 감전처럼 울리는
전화 벨 소리

나는 단숨에
형체도 없이
그 소리 속으로
빨려 들어가고 있었다.

갈대밭에 간다면

갈대밭에 간다면
입은 없어도 온몸으로 우는
벗은 갈대밭에 간다면
그것도 마음에 차지 않아서
철썩철썩 제몸 치며 우는 바닷가
허옇게 뼛가루로 나부끼는
파도 앞에 선다면
아 그들과도 영영 말이 통하지 않는다면
무슨 연유로 웃고 있는 나무장승 하나
다짜고짜 마주하며
가슴이나 두들겨 본다면
모서리 닳은 두 어깨를 흔들어 본다면
그렇지. 그것들도 나와 상관없는
먹통들이라면
어느 한적한 마을 입구에
높이 서 있는 솟대 위에
이 세상 가장 초월자로 유유히 앉은
한 마리 오리로
나도 자리잡고 만다면.

성모님의 집

이스탄불에서도 하루를 달려
에베소에 닿다. 그곳에서도 더 높은 언덕
아름다운 은혜의 땅에 오르면 거기
성모님의 집
오롯이 미소 띠며 서 있다.
떨렸지. 마음의 신발 벗어 들고 나직히
몸숙여 들어간 집 피흘린 아들
더 높은 곳으로 떠나신 후
이곳에 살다 떠나신 집
승천의 바람이 남아 있는 집
떨렸지. 마음의 마음도 벗어들고서
한발한발 서서히 다가갔을 때
아 따뜻한 향기……
보았어. 어머니 가장 인자하신 모습
익숙해서 한걸음에 안길 듯한 모습
거짓말 모두 사라지고 나 그 순간 가장
정직해져 어머니! 어머니!
나는 죄인이오니 절 버리지 마소서
에베소를 떠나 터키를 떠나
마음의 신발도 마음의 마음도 주워 들고

떠나오니 이 나라까지 그 체온 은근히
따라와 내 집에 그대로 계시니.

웃음소리

소슬한 바람이
촉촉한 물수건으로
잎마다 아기 겨드랑 닦듯
숨결마저 새겨 넣어
나무마다 윤나게 그렇게 문지르니
저 맑은 가을 햇살
이 세상에 없는 빛깔 하나
영롱히 드러내어
가슴 솔기마다의 깊은 슬픔마저
스르르 문질러 내네

저 하늘의 끝을 말아올리며
시간의 중심을 환하게 열어오는
너의 가을 속 웃음소리.

불 행

내던지지 마라

박살난다

잘 주무르면

그것도 옥이 되리니.

V

■ 시를 위한 아포리즘

증오와 연민 사이에서

증오와 연민 사이에서

1

자의식을 일으킨다. 몸집이 크다. 이렇게 비대해진 자의식으로는 시는 제대로 걸음을 걸을 수 없을지 모른다.

2

내게 있어 시는 내 자전적인 거울이다. 시가 시인의 내면상황을 말하고 밖으로는 사회적인 외적 상황에 내던지는 발언이겠지만, 그래서 그것들이 어우러져 작은 돌멩이가 폭탄의 무게로 터지는 경우가 시가 갖는 촉발력으로 있어 왔던 일이지만 내 경우는 나 자신이 늘 문제거리로 떠오른다.

내 안에 출렁거리는 그 잔물결에서 거센 파도까지를 그려내기라도 한다면 그리고 아직도 뚜껑도 열지 못하고 있는 여러 감정의 상자들을 낱낱이 헤집어 열어 보이는 굴곡의 빛과 그늘을 이끌어 내올 수만 있다면 그것은 그 어떤 사회적인 이상주의를 표현하는 것보다 시의 소임에 충실하다고 나는 생각하고 있다.

나는 그래서 내가 늘 골칫거리다. 지금도 나는 아직 나에 대해 불가해한 몰이해자이며 때로는 너무 깊이 알아서 도시 역겨울 정도로 연민의 눈시울을 적시는 것이다.

그렇다. 나는 나보다 더 모순을 말하기 쉬운 상대를 본 적이 없다. 그래서 내 시는 나보다 나를 더 잘 알고 있을 때가 많다. 내 시는 나도 모르는 나를 아주 썩 잘 비추어내는 신비한 거울이 되기도 한다. 그래서 나의 시를 통해 내 일상적 생활에 묻혀 형상화되지 못한 내 생의 모습을 가시화(可視化) 가청화(可聽化)하는 관계로서 바라보게 된다. 때문에 나의 시는 나보다 나에게 더 가깝고 깊숙이 접근하는 이 세상의 투명한 거울이 된다.

3

그러나 나는 다시 이렇게 생각한다. 이 세상에 느글느글한 감정 따위의 기름기를 쏙 뺀 그런 시는 쓸 수 없을까. 〈나〉라는 것. 그 그림자까지 완전 긁어낸 촉촉한 물기를 유감없이 증발시킨 그런 메마른 시는 쓸 수 없을까.

그런 시는 쓸 수 없을까. 오! 나라는 존재.

4

인간은 지혜롭고 영악하지만 이성으로도 감정으로도 설명할 수 없는 것들에 봉착한다.

어떤 요령을 부려도 초과학의 분장술로 탈을 만들어도 한순간에 들키고 마는 어이없는 덧없음에 다다른다. 가장 자유스러운 것은 가장 정직한 개방이며 바로 그러한 성찰이 시의 집에 주인이 될 것이다. 그래서 시를 쓰는 행위는 몸에서 피가 빠져나가는 것이 아니라 자신의 정직성이라는 주사기를 통해 피를 수혈받는 것이 된다.

5

나는 오랫동안 내 시에서 내 불행을 저울질하느라 애를 썼다. 불행을 달고 있다는 정신적 무게까지 실려 그 불행의 무게는 몇갑절로 불어나고 그 상승의 효과 때문에 나는 스스로 지쳐 쓰러지곤 했다.

그런 보이지 않는 암투와 저항의식 안에서 무슨 시가 제대로 씌어졌겠는가. 그 안에는 만만찮은 변명의 목소리들이 배어들었다. 이 세상에 모든 것이 그렇지만 특히 시에서 변명이란 얼마나 구차하고 비겁하고 지리멸렬한가.

구멍이 있는 대로 뚫린 자신없음에 황급히 분칠을 하려는 순간에 나타나는 형편없는 자기보호법이 바로 변명이라는 괴물인 것이다. 그렇다고 행복을 자처하는 도취병이나 자신의 시에 턱없이 매료되어 사는 일도 변명만큼 위험하기는 마찬가지다.

6

늘 의문이다. 시가 내게 등받이가 되어 준 적이 있었던가. 언제나 이마를 부딪치는 돌출된 가해물로 사방에 널려 있었다.
 이마를 부딪쳤는데 온몸에 멍이 드는……

 7
 새벽 3시. 벽시계를 바라본다. 고요 때문일까. 제법 큰 소리로 시간이 달려가고 있다. 시간의 힘은 그 위력이 대단하다. 시간을 세월이라는 말로 바꾸면 그것은 길을 잘 들인 준마보다 빠르다. 그 시간의 행동은 도무지 어떤 걸음걸이이기에 나와 부딪친 적도 없으면서 나를 변화시키는 것인지 모른다. 그 시간이 가는 길이 바로 내 얼굴 앞이었던가 아닌가.

 8
 젊은날 인생의 재미라는 것을 알아갈 무렵의 서른 살 중반…… 나는 하룻밤을 자고 나면 하얗게 늙어버리면 좋겠다고 주술을 외며 잠들곤 했다.
 자고 나면 80세가 되고 다시 하루를 자고 나면 81세가 되어 숨이 멎었으면 하고 생각하였다. 바라는 건 사흘 안에 내 인생이 말끔히 청산되는 것이었다. 그런 어느날 팔이 부러져 접골원에 갔을 때 나는 부러진 뼈를 붙이기보다 기술적으로 성한 뼈들을 낱낱이 부러지게 하여 내 상한 뼈들을 땅에 묻고 싶었다.
 그런 처절한 가해의식 안에서 밥을 먹으며 살아내어야 했던 저 희미한 뒷골목의 이야기.
 시간은 참으로 영특한 빗자루 같아서 지금 그따위 도

깨비 같은 감상들은 자취를 감추었다. 내 인생에 모욕적인 시간이었지만 그 길을 공손히 머리숙이며 걸어왔다.

9

나는 나를 쓴다. 다시 말하지만 나를 아는 일은 왜 그렇게 어려운지 모른다. 내 등뒤의 나무들 그 뒤의 산산들. 그 오리무중의 한 인간을 지키고 있는 자연……그리고 그 모두를 지키고 있는 신(神)은 나를 알아가는 가장 큰 교과서다.

10

하나의 그림을 그리는데 50년이 넘어 걸렸다. 참 어려운 그림이다. 열심히 산 것과 잘 산 것과의 차이를 그림 안에서 볼 수 있다. 연민을 가지고 덧칠을 하지 말자. 복사를 할 수 없다는 점에서 그것은 명화와 같은 반열이지만 지금부터의 완결편이 50년보다 더 중요하다.

11

이 세상은 빈털터리가 아니다. 너무나 눈부시게 가득한 보물상자다. 그 중에는 곰팡이가 핀 죽은 나무토막도 있다. 그러나 그것도 보석이다. 한 시인이 이 세상의 보석을 얼만큼 혹은 몇 개나 발견하고 죽는 것일까. 찾는 것은 모조리 보석이 된다. 그래서 시인은 이 세상의 보석상점의 주인이다. 사랑이라는 이름의 보석상점 주인. 고통이라는 이름의 보석상점 주인.

12
나는 급소를 찔린다. 겸허한 농부의 손으로 갈아온 농작물이 하룻밤 폭우로 완전 망가진다.
시련은 단련이란 뜻.

13
숨차게 걸어왔다. 움켜쥐어야 할 것을 놓치면서 때로는 놓쳐도 좋은 것을 움켜쥐면서. 지금은 두 손을 편다. 아무것도 담겨지지 않은 것에 대한 아름다움을 본다.
〈홀로〉라는 의식을 무거운 수레처럼 끌며 살아오면서 고문 같은 인생이라고 스스로에게 속삭이기도 했다. 집착을 상처에 붙인 거즈처럼 떼어낸다. 처음엔 따갑고 쓰리지만 외부의 서늘한 바람이 오히려 상처를 아물게 한다.
아무것도 아니다. 아무것도 아니다. 뭐든 저만치 두고 바라보자. 어느것이 무위며 무상인지 철저히 따져야 할 때다.

14
지구라는 혹성의 나이는 46억 살이라고 한다. 가공할 만한 시간. 지금 현재 한 시대를 사는 〈지구의 친구

들〉인 세계 속에서 나의 흔적을 찾는 것은 범죄적 자만심일까. 그래도 나의 일생은 촛불이 켜졌다 꺼지는 시간보다 길다.

15

비통하리만큼 엄정한 자기응시 앞에 나를 놓아둔다. 이 행위는 책표지 뒤의 여백처럼 필요한 것이다. 그 칼 끝 같은 백지 앞에 나를 세워 두는 일은 겨울 언 창 끝에 날카롭게 걸린 고드름이 발하는 냉철한 빛을 보는 것 같다. 그 장면보다 더 혹독한 자기체벌은 없을 것이다.

16

추운 손을 눈 속에 묻는다. 늘 이런 처방으로 살아왔다. 본질을 비껴났으므로 따르는 공허감을 생의 무위로 단정하는 오류도 없지 않았다. 모두 질병이다. 체험이 갖는 똑바른 진실의 눈이 필요하다. 추론적 지식이나 직관적 예지가 아닌 주체적 진실에 따르는 자연스러운 원동력에 나의 나머지 생명을 맡기고 싶다.

17

삶이란 버둥거리는 코끼리를 껴안는 것인지 모른다. 안는 사람의 뜻에 따라 안겨 오는 것은 결코 아니다. 내가 안으려고 할 때 코끼리의 코에 다쳐 상처를 입거나 아니면 코끼리의 코에 주루루 말아 올려져 굴욕적인 상태까지 가 버릴 수도 있다. 화해가 없는 일방적인 것은 늘 이런 위기에 봉착한다.

18
 죽음을 무릅쓰고 싶다. 그러나 시는 열정만으로는 안 된다. 두 어깨에 힘을 빼고 두 손끝에 잔여의 여력조차 완전 흘리고 마른 풀잎 하나로 남을 때 아니 아주 아무 것도 없을 때 그때 비로소 시가 되는지 모른다. 마른 지푸라기 하나로 매달린 상태를 냉칠히 적당한 거리에서 바라볼 수 있을 때 그래서 존재의 무화상태까지 가고 말 때 시는 아주 조금 문을 여는 것일까.

19
 나의 등은 거름이 잘 된 한 뙈기 밭이기도 할 것이다. 숨 넘어가는 절망도 업어 달래고 미쳐 날뛰는 광기도 업어 재우고 내가 스스로 던져 박살낸 고독의 부스러기들도 업어 키운 내 늙은 등에서 이제 키울 수 있는 것은 체중 미달인 내 시의 신생아. 너 때문에 내 절망을 유보할 수밖에 없는 나의 살점 같은 핏덩이다.

20
 시는 질투심이 강하다. 결코 딴전을 피우거나 한눈파는 것을 용납하지 않는다. 순수한 몰입 그것을 요구한다. 어쩌다 슬쩍 마음을 돌리면 돌린 만큼의 진지한 보상을 치르게 한다. 철저하고 매섭다. 나는 아직 시만큼

소유욕이 강한 남자를 본 적이 없다.

21

나는 나의 시에 고통의 가시면류관을 씌워놓고 있었다. 이제 그 면류관을 벗기고 싶다. 늘 그 집에 살아야 하므로 기후 조종은 불가피한 선택이다. 상처나 아픔은 시의 촉발의 계기는 되지만 전과정을 책임지지는 못한다. 끝까지 시에 닿게 하는 힘은 오직 시를 사랑하는 행복한 힘이다.

22

〈고통의 축제〉라는 말이 누구의 말이던가. 문득 그 말 뒤에 〈고통의 득도〉라는 말을 붙이고 싶다.

23

정도 안 통하고 말도 안 통하는 어둠과 깊은 관계가 있다. 새벽 어스름 능구렁이처럼 잠자리를 스르르 감아오는 불청객과의 불륜.

24

등장했다는 것. 비명 같은 울음소리로 딱 점을 찍으며 생의 무대에 나타났다는 것.
지금도 점 이상의 것도 아닌데 그것을 지우기는 어불성설.

25

내가 나를 증명하기 위해 늘 눈물을 앞세웠다. 의지는 너무 거치른 질감이라서 반여성적이라고 생각했을까. 그러나 절대의지 그것은 몸 속의 수분 같은 것이 아니었느냐.

26

두 개의 거울이 접힌 작은 거울을 나는 가지고 있다. 그 거울을 펼 때마다 턱없이 나는 가슴이 설렌다. 마치 궁궐의 문을 여는 착각을 갖는데 아마도 거울은 환상을 가장 가깝게 만나게 되는 비밀의 문인지 모른다.

27

나의 의사를 잘 따르며 사는 것이 젊은날의 진실이었다. 나의 의사가 별 믿을 게 못된다는 것보다 나 자신에게 충실한다는 것에 더 기우는 나날이었다.
자기회의를 무섭게 거친 지금도 자신을 거역하는 일은 내게 대단한 용기가 필요하다.

28

어린날 내 집 부근에는 대장간과 목수집이 있었다. 무딘 쇳덩이가 몇번의 불속을 드나들며 두들겨 맞고 그리고 드디어 날카로운 칼이 되는 것을 보았다.
거친 나무토막이 날카로운 대팻날로 다듬어지면서 살결 같은 예쁜 나무가 되는 것을 보았다. 아름다운 완성은 그렇게 시련의 단련으로부터 오는가.

그 어린날의 기억과 나를 연결시키는데 50년이 걸렸다.

29
손을 잡는다. 두 개의 인생이 포개지는 일치가 분명 있다. 그것은 환상일까. 그렇다면 도무지 환상이란 몇 분 몇시간쯤 그 효력이 유효한 것인가.

30
〈탐욕〉에게 편지가 왔다. 또 하나의 탐욕이 곧 도착한다고 내 마음 안에 자리를 마련하라는 것이다.

제왕절개를 해서 먼저 든 탐욕을 들어내는 방법밖에는 없다.

31
향연을 베푼다. 슬픔도 고통도 부르고 눈물도 꼭 오시라고 부탁을 했다. 물론 기쁨도 감격도 흐뭇한 만족도 쾌히 승낙을 했다. 부디 빠지지 말라고 정중한 예의를 갖춰 초대된 것은 객관적이면서 냉정한 이성이다.

32
생의 혐오와 생의 황홀. 왼팔과 오른팔을 다 버릴 수 없다.

신달자 시인
숙명여대 국문과 졸업. 동대학원 문학박사.
시집 『아버지의 빛』 『열애』 『종이』 외 다수.
산문집 『여성을 위한 인생 10강』 외 다수 있음.
영랑문학상, 불교문학상, 공초문학상,
21세기문학상, 대산문학상 등 수상.
현재 숙명여대 객원교수, 한국시인협회 회장.

아버지의 빛
신달자 시집

초판 1쇄 발행일　1999년 2월 5일
4쇄 발행일　2012년 9월 10일

지은이 · 신달자
펴낸이 · 김종해
펴낸곳 · 문학세계사
주소 · 서울시 마포구 신수로 59-1(121-110)
대표전화 · 702-1800　팩시밀리 · 702-0084
이메일 · mail@msp21.co.kr
홈페이지 · www.msp21.co.kr(문학세계사)
www.seein.co.kr(계간 시인세계)
출판등록 · 제21-108호(1979.5.16)

값 8,000원
ISBN 978-89-7075-529-8　03810
ⓒ 신달자, 1999